Peter Horton

Die zweite Saite

Peter Horton

Die zweite Saite

Aphorismen
Satire
Zärtlichkeiten

echter

Bibliografische Information der Deutschen Bibliothek

Die Deutsche Bibliothek verzeichnet diese Publikation in der Deutschen Nationalbibliografie; detaillierte bibliografische Daten sind im Internet über <http://dnb.ddb.de> abrufbar.

www.echter-verlag.de

Titelzeichnung und Illustration
Alexandra Schwarz nach Ideen von Peter Horton

Umschlag und Satz
Peter Hellmund

Druck und Bindung
Clausen & Bosse GmbH, Leck

ISBN 3-429-02627-X

Inhalt

Meinen Eltern und Lehrern
in Dankbarkeit

Willkommen

Dies sollte ursprünglich die Jubiläumsausgabe von »Die andere Saite« werden. Das Vierteljahrhundert seit der Erstauflage hat jedoch eine Menge neuer Blickwinkel gestiftet, die das Buch nach einer Zeitdusche lechzen ließen.

Bei der Überarbeitung ist dann unwillkürlich ein neues Werk entstanden.

Sprache kann das Unsagbare nicht sagen, sie kann es nur ehren. Sie kann Anstöße und Logik beisteuern, beim Empfinden aber muss sie passen und einem energetischen Schweigen Platz machen, das andere Ebenen des Verstehens erschließt.

Wir brauchen mehr denn je Perspektiven der Liebe und eine globale Herzens-Spiritualität, die uns jenseits aller Unterscheidungstheologien um elementare Ur-Verantwortungen versammelt. Und in diesem Sinne möchte ich mit meinen Worten Verbindungstüren öffnen, ein Schmunzeln ins mentale Gebälk stäuben oder einfach die Seele wärmen.

Meine Gedanken über Glauben und Spiritualität achten jede auf Liebe basierende Weltanschauung. Das Wort »Gott« setze ich im Bewusstsein seiner Unauslotbarkeit in Anführungszeichen. Ich empfinde es als Leihgabe, und es erschiene mir delikat, so zu tun, als wisse ich. Ich schreibe – wie könnte ich es anders – aus meinem persönlichen Erleben heraus.

Wenn es mir gelingt, seelische und mentale Basenbildner anzubieten und zu einer wärmeren Seins-Wahrnehmung anzuregen, fühle ich mich beschenkt.

Peter Horton
Wildschönau, 8. April 2004

Aphorismen

Gedanken der geistigen Klimapflege

Lächeln heißt
die Gegenwart begrüßen.

Wer mit dem Herzen lächelt,
ist in Kontakt.

Ganzkörperlächeln macht
den Tag geschmeidig.

Wer mit dem Herzen lacht,
sprüht vor Ewigkeit.

Aus jeder Berührung
von Denken und Fühlen
entsteht ein inneres Lächeln.

Je seltener meine Seele lächelt,
desto mehr kommt mein
Körper in Bedrängnis.

Barbaren lächeln nicht.

Grinsen ist kein Ersatz.

Liebenswürdigkeit segnet.

Segnen heißt Signieren.

Jeder kann segnen –
durch Worte, durch die Art
eines Blicks, durch Handeln
und durch Dankbarkeit.

Wohlwollen ist das
Flugbenzin der Lebensfreude.

Als ich das erste Mal
in mich ging, kam ich
sofort wieder heraus.
Es war so unheimlich
still da drinnen.

Gegenwart ist eine
heilige Quelle,
die jeden veredelt,
der bewusst in ihr badet.

Freude ist das Lichtfeld
anwesender Engel.

Manche Traditionen
verschlafen ihr Verfallsdatum.

Ein Ideal ist entweder
ein Kompass auf Zeit
oder eine ersatzweise
angebetete Ikone,
die für unterlassene
Entwicklungsschritte
einspringen soll.

Ideale werden leicht
wie Fußbälle, die man
nie wirklich erreicht,
weil man sie ständig
vor sich her tritt.

Entscheiden
heißt verbinden.

Der Verstand unterscheidet,
das Herz entscheidet.

Wenn ich an jemanden glaube,
tanzt mein Herz mit seinem Engel.

Glaube braucht Fortschritt vom
Fürwahrhalten zum Herzwissen.

Herzwissen ist ein Energiestrom
erleuchteter Hirnlosigkeit, der
sich aus höchster Quelle speist.

Viele Sucher trauen dem Suchen
mehr als dem Finden.

Bevor es Glaubenssysteme gab,
war Glaube ein einfacher
Tanzschritt des Herzens.

Einfachheit empfinden
manche als Zumutung.

Wenn wir weise werden,
werden wir einfach.

Wo die Einfachheit
»göttlicher« Wahrheit
den Denk-Dünkel bedroht,
baut dieser komplizierte
Begründungssysteme
zu seinem Schutz.

Dünkel gibt es nur in einem
herzreduzierten Menschen.

Jedes Herz liebt einen Verstand.

Wo mein Glaube mich
im Denken bremst,
bin ich seinem Teufel
auf den Leim gegangen;
wo mein Glaube mit
Beweisen fuchtelt,
erst recht.

Ein Glaubensbekenntnis
kann wie ein
Schwimmreifen sein,
der einen vor dem
Ertrinken bewahrt –
oder vor dem Schwimmen.

Nur Glaube, der spirituelle
Wachheit einschließt,
bewahrt vor einem Archiv
unbeantworteter Gebete.

Wenn Glaube nicht aufbaut,
von Angst befreit und
menschlicher macht,
hat man sich vielleicht in einer
Religion verheddert.

Glauben geht nur unbegründet.

Glauben steht zu Logik
wie Feuer zu Wasser:
Megafeuer verdampft es,
Lagerfeuer kommt darin um.

Ob einer glaubt oder nicht,
Wahrheit trägt ihn.

Wer an nichts
glaubt, muss ein das
Universum überragendes,
quellenlos existierendes
Genie sein.

Welche Religion hat »Gott«?

Religionen sind Weltsprachen der Gottesliebe. Jede singt eine andere Melodie und verwaltet andere Bilder, Temperaturen und Landschaften, durch die sie einen anderen Weg zur selben Quelle beschreibt. Am Ende treffen sich alle im Schweigen des Wortes, das am Anfang war.

Wer auf Dogmen besteht, pocht auf eine Lebensversicherung für seinen »Gott«.

Gelegentlich wird Sprache
zu einem Argumente-Vorhang,
der den Blick auf die
Wahrheit verhindert.

Es gibt heilige Momente, in
denen jedes gesprochene Wort
ein Ver-Sager ist.

Das kleine Ego hält sich
für höllisch schlau,
wenn es sich auf den
Himmel beruft.

Der Himmel gibt keine Befehle;
schon gar keine, die einen aus
der Verantwortung entlassen.

Ein willkürlich eingreifender
Himmel käme einer
vernichtenden evolutionären
Entmündigung gleich.

Mündige gehen zur Weisheit,
die anderen pilgern zur Schläue.

Der Atheist
hat ein Bild von »Gott«,
das er negiert.
Der Fanatiker
hat eines, mit dem er sich
die Augen tapeziert.
Der Gläubige
vertraut einem Bild,
das ihm vom eigenen Herzen
oder von anderen
anvertraut ist.
Der von Liebe Erleuchtete
schaut das wahre Selbst.
Er lebt im bildlosen
Flüstern des Windes
und atmet Sonne
aus jedem Regentropfen.

Emotionen sind die
Bauherren der Wirklichkeiten.

Wo wir Emotionen heilen,
heilen Wirklichkeiten.

Emotionen wie Hass,
Neid oder Dünkel
sind erstarrte Liebe.

Wo Emotionen und Liebe
miteinander musizieren,
erlischt jeder Alptraum
in ein melodiöses Erwachen.

Auch Lügner
leben von der Wahrheit.

Zynismus ist
stecken gebliebene Trauer.

Ein Zyniker wählt
den leichteren Weg.

Im Zustand der Melancholie
ist man von Finsternis geblendet.

Schwermut weist hin
auf eine bedeutende
Baustelle in der Seele.

Melancholie ist die
Fastenkur einer Hoffnung,
die ihrem Gewicht nicht traut.

Sucht ist Sehnsucht,
alte Trauer zu heilen.

Trauer als Zustand
verwundet.
Trauer als Prozess
vertieft.

Trauer, die sich
ihrer Arbeit stellt,
erzeugt ein wärmendes
Licht im Herzen.

Einsicht verbessert die Aussicht.

Vergebung hat
den längeren Atem.

In Weisheit aufgelöste
schlimme Erfahrungen
wiederholen sich nicht.

Die größten Fragen
werden nicht beantwortet,
sie lösen sich auf
im Reifen.

Die anspruchsvollste
Selbstreinigung für das Gehirn
ist gesammeltes Nichtdenken.

Das Gehirn entspannt
in Gedankenleere,
das Herz in Empfindungsfülle.

Die eindringlichste Erfahrung
des Zur-rechten-Zeit
macht man am Zu-spät.

Liebende sind das
Wertvollste, das eine
Zivilisation hervorbringen kann.

Wenn dich
etwas bekümmert,
musst du dich
vielleicht in Liebe
um etwas kümmern,
damit du nicht verkümmerst
und damit deiner Welt
ihren kostbarsten
Baustein nimmst.

Beim Wort
Kindesmissbrauch
zuckt die Seele
zweimal zusammen –
das zweite Mal
an der Unterstellung,
es könne einen
rechten Gebrauch
von Kindern geben.

Was leistet Herausforderung,
wenn keiner drinnen ist?

»Denen werden wir's
aber zeigen«
hofft heimlich, dass
keiner genau hinschaut.

Liebe ist Affinität
zum Ur-Eigenen.

Die mit allem Verbundenen
erkennt man an ihrer Liebe.

Gleichmut ist der Reichtum
einer mit allem verbundenen Seele,
Gleichgültigkeit ist der Ruß
eines erloschenen Herzens.

Es gibt nur ein Feuer
im Universum, das alle
Brennpunkte entflammt.
Mensch sein heißt
Brennpunkt sein.

Im Samenwurf des Himmels
sind Wunder alltäglich.
Nicht-Wunder sind
Konstrukte irdischer
Blindheit.

Globalisierung ist
sowohl ein Opferritual
ökonomischer Niedertracht
als auch ein Schlüssel
für den Aufstieg der
gesamten Menschheit.

Frieden ist irdisch der Inbegriff
des Unerreichbaren und
kosmisch der Inbegriff
des Unausweichlichen.

Wenn Kinder ihre Träume
in die Nachtfenster
der Zeit stellen,
durchkreuzt das
den Weltuntergang.

Die Barmherzigkeit eines Spiegels
liegt in der Unbarmherzigkeit,
mit der er einem das eigene
Gesicht vor die Nase hält.

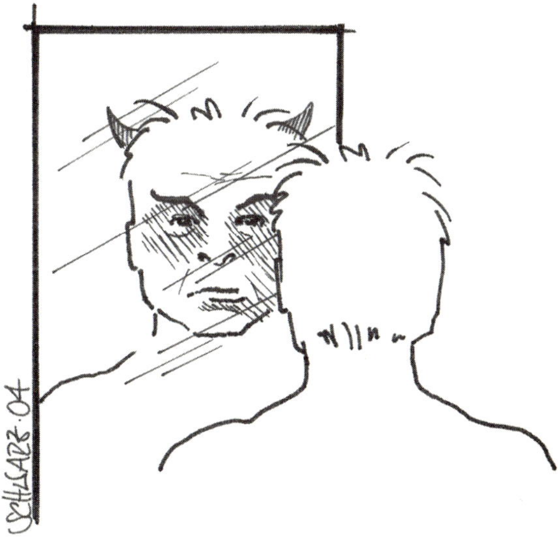

Barmherzigkeit ist ein Akt
seelenvoller Erinnerung.

Die barmherzigste Art,
ein Kind zu führen, ist
ihm nachahmenswertes
Vorbild zu sein und es
wortlos zu ermuntern,
die Welt in der Weisheit des
Kind-Seins zu unterrichten.

Barmherzigkeit ist ausgewählte
Rücksichtslosigkeit gegenüber
allem, was nicht der Liebe dient.

Wer nie Zeit hat,
dem fehlt ein
Hauch von Tod.

Zeit ist das Lehrmittel,
Tod als vergänglich
und Leben als ewig
zu begreifen.

Wem der Wettlauf
gegen die Zeit
zum Lebensstil wird,
der rennt wie angewurzelt
dem Leben davon.

Dunkelheit ist ein
Aspekt der Zeit, der
Licht erinnerbar macht.

Zeit spiegelt nur
das Zeitweilige.
Das Zeitlose bedarf
zu seiner Abbildung
der Seele.

Erleuchtung entsteht
durch Reibung an der Zeit.

Gemütlichkeit als Lebenspriorität
ist ein possierlicher Trick, seinem
fortschreitenden seelischen Einschlafen
eine Heimat zu geben.

Jede Art Schönheit
ist ein Ausdruck
überzeitlicher Würde.

Die Schönheit
der Schöpfung ist
sichtbare Würde
des Universums,
einen anderen Teil
dieser Würde
erleben wir als korrektive
Unerbittlichkeit der Natur.

Dass Menschen
sich schön machen
ist viel seltener ein
Ausdruck von Eitelkeit
als einer von Würde
und Dankbarkeit.

Treppenstürze schärfen
das Bewusstsein für oben.

Zur Weisheit der Wege
gehören auch Untergänge.

Mit Blasen an den Füßen
geht man bewusster.

Rückkehr ist am schönsten
als Heimkehr des Gereiften.

Dank ist der
Morgenmantel
der Freude
und Demut ist
ihre Abendrobe.

Demut steht zu
Unterwürfigkeit
wie Sonne zu
Fäulnis.

Demut ist ein
Lichtaspekt von Mut.

Berührbarkeit macht
die Seele alterslos.

Berührbarkeit macht erst
verletzbar und wach – und später
transparent und unverwundbar.

Berührungen sind Zauberwesen,
die unsere seelischen
Gärten bestellen.

Erfahrungen sind die
essbaren Früchte aus dem
Dschungel der Erinnerungen.

Rührung ist erinnerte Berührung.

Als die Weisheit noch ein
Baby war, hieß sie Erinnerung.

Drei Stufen des Tempels
heißen Erinnerung, Erfahrung
und Weisheit.

Erinnerungen erlösen heißt
ihnen mit Liebe zustimmen.
Die schlechten dürfen
dann gewesen sein,
und die guten sind nicht
mehr an Sehnsucht gefesselt.

Unerlöste Erinnerungen
nähren Therapeuten,
erlöste die Welt.

Die Weltenseele ist ein für
Disharmonie unerreichbares,
ortloses Über-All, das die
Weisheit aller Zivilisationen
speichert und verfügbar macht.

Das innere Ohr ist der
Gastgeber des Herzens,
wenn es zum Lauschen
auf Besuch kommt.

Freiheit ohne auf Liebe
gründende Vernetzung
aller Standpunkte ist ein
Tarnbegriff für Chaos.

Ein Standpunkt
ohne Verantwortung
ist nur ein Vorwand
für Gemeinheiten.

Freiheit ohne Grenzen
gibt es nur im Zustand
der allumfassenden Liebe,
sonst ist sie eine Illusion
aus Übergriffen.

Wer unfrei ist,
ist ausschließlich.
Freiheit macht
einschließlich.

Grenzen sind am schönsten
als Kontaktlinien befreundeter
Organismen und deren Freiheiten.

»Prüfet alles und
behaltet das Beste.«
Aus träger List begnügt man
sich gerne mit dem Erstbesten.

Ideologien reduzieren die
Wahrnehmungsfähigkeit
und verkleistern die
Kapillaren des Glücks.

Kompromisslosigkeit ist oft
nur das Fehlen der Phantasie
für bessere Alternativen.

Ein Kompromiss ist oft ein
liebevoller Heilschritt, der
den Dingen Zeit gewährt
für einen guten Weg.

Wer den Sündenfall für ein
in die Weisheit der Unendlichkeit
geschossenes Loch hält,
traut »Gott« nicht besonders.

Das Odium des Versagens,
mit dem die Autoren
des Alten Testaments
Adam und Eva belegen,
ist ein Komplott wider das
Lichtgenie der Menschheit,
einem unbewussten Paradies
den langen Weg
zielmündiger Evolution
ins Bewusstsein vorzuziehen.

Evolution ist Heimkehr.

Sündigen heißt Sondern.
Wer sich nie absondert,
kann nie wissen und
neue Wege tanzen.

Sündigen sollte
man mit Sorgfalt,
Esprit und Vergnügen,
damit nicht neben
den guten Vorsätzen
auch noch die schöne
Sünde vergeudet ist.

Auflehnung gegen »Gott«
ist die Voraussetzung, um
am Abbild vorbei den Weg
zu »Gott« zu finden.

Den Sinn des Lebens begreift
das Denken nur bedingt,
das Herz nur unbedingt.

Ein Schwein erschrickt nicht
vorm eigenen Spiegelbild.

Gleichmut zu bewahren auf
dem Riesenrad der Meinungen
schützt die Lebenskraft
und den inneren Kompass.

Liebe im täglichen Leben
heißt andauernde
wärmende Besonnenheit
und die Abwesenheit von
falschem Zeugnis wider die Welt.

Jammern als Lebensstil
kultiviert falsches Zeugnis.

Wenn man sich darin übt,
immer feinere Töne des
Herzens wahrzunehmen,
hört man auch eher das
Klopfen, wenn Engel
zu Besuch kommen.

Wer zur rechten Zeit
Zeit verschenkt,
wird mit der Zeit
zeitlos.

Gedanken, die wir
nicht loswerden,
werden unser Los.

Ernst ist ein Bruder
der Verantwortung.

Ablenkungen,
die gütigen Ernst vertreiben,
führen zu bitterem.

Grimm ist Ernst
im Knast.

Tierischer Ernst ist für
alle, die den Menschen
aus sich vertreiben.

Solange wir
mit dem Rücken
zur aufgehenden
Sonne stehen,
brauchen wir Spiegel,
um sie zu sehen.

Was uns berührt, ist uns
in Wahrheit näher,
als was uns sticht.

Wenn geistige
Gefängnismauern
Karriere machen,
heißen sie Realität.

Entwicklung, die nicht
eine Dimension über die
Realität hinaus zielt,
ist wie ein Wollfaden,
der Pullover fürchtet.

Phantasie ist der Botenengel
einer Vision, die nach
Realität greift.

Nur wer kühn genug ist,
das Unmögliche
ins Auge zu fassen,
führt den Ehrentitel ›Realist‹
zu Recht.

Das hohe Ego ist der
Arbeitsplatz »Gottes«
im Menschen, die Bühne
des Erwachens und
erleuchteten Verstehens.
Es ist das Persönlichkeitsorgan
des Universums im Körper.

Das kleine Ego dagegen ist
der Pate der Selbstsucht und
Namensgeber des Egoismus,
ein Tropfen, der das Meer
vergessen hat und sich stets
im Verdrängungskrieg mit
seinesgleichen wähnt.
Leben ist ihm nur als
Überleben fassbar.

Fruchtbare Egozentrik ist eine
Wesen und Mitte schaffende
Bewegung der Liebe im
Ozean der Grenzenlosigkeit.

Egoismus trennt,
macht seelisch ortlos
und erschafft Unwesen.

Egoismus ist vielleicht
die individuellste Art,
sich eine Zeit lang vor der
Wahrheit zu verstecken,
Dummheit ist fallweise
die sympathischere.

Was ist Kunst
und was nicht?
Der Verstand
argumentiert,
die Seele weiß es.

Kunst ist eines der
weiblichen Gesichter
des Himmels.

Kunst beatmet die Welt
aus einer seltsamen Art
von Immunität heraus.
Sie schult uns für Kontakte
mit höheren Dimensionen
und löst uns aus dem Griff
der Zweckverschworenheit.

Kunst badet uns
in den Thermen tieferer
Selbstwahrnehmung
und setzt uns manchmal aus
in einer Wüste glückseliger
Fassungslosigkeit.

Kunst ist relativ zwecklos
und absolut sinnvoll.

Solange wir nicht wirklich
zärtlich sein können,
sind wir nur handgreiflich.

Das innere Kind
weiß den Weg.

Zärtlichkeit ist ein
Versprechen der Ewigkeit,
dass das Zeitliche
nicht vergebens ist.

Der Satzanfang:
»Also ehrlich gesagt ...«
stammt aus einer
›echt‹ verlogenen Zeit.

Klug ist, nur die Wahrheit
auszusprechen.
Dumm ist, jede Wahrheit
auszusprechen.

Ehrlichkeit, die nicht in Liebe
gebadet aus dem Herzen kommt,
bestätigt gerne, dass der Ehrliche
immer der Dumme sei.

Wer seine Ehrlichkeit plakatiert,
führt etwas im Schilde.

Güte ist
gereifte Dankbarkeit.

Undankbarkeit
kann Güte
nicht verletzen.

Güte ist eine
unausweichliche
Folge von
Gegenwartsbewusstsein.

Praktizierte Spiritualität
erkennt man an Güte.

Das mächtigste
Opiat des Teufels
heißt Eitelkeit.

Wer um sein Selbst nicht weiß,
setzt seine Eitelkeit ans Steuer.

Innerhalb des Gebäudes
einer Wissenschaft
fühlt man festen Boden
unter den Füßen,
weil man vergessen darf,
dass das ganze Haus auf
ein paar unbeweisbaren
Schwimmern gebaut ist,
den Axiomen.

Axiome sind Schnittstellen
zwischen dem Chaos
logischer Beweisbarkeiten
und dem Kosmos
unlogischer Gegebenheiten.

In der Schule der Demut
sind Axiome die Lehrer.

Leben ist der Licht-Kokon eines
Welten tragenden Geheimnisses.
Gentechnik manipuliert nicht Leben,
sondern ein paar seiner Funktionen.

Gentechnik ruft nach einem
globalen seelischen Wachstum
zur Lenkung ihrer Motive.

Auch wenn Naturwissenschaften
»Gott« nur beleuchten können wie
eine Kerze die Sonne, sind sie eine
besondere Schule des Schauens.

Wer seine Erleuchtungen
manchmal in wissenschaftlichen
Texten bestätigt findet, erlebt das
Zusammenfinden guter Wege.

Ist Unwissenheit
nicht ein Brachland
voller Möglichkeiten
gegenüber der Dummheit,
die oft mit Streitsucht
wider Erkenntnis
daher kommt?

Wo der Unwissende
noch die Quelle sucht,
weiß der Dumme,
dass er sie nicht braucht.

Wenn einem etwas
nicht in den Kopf steigt,
kann das auch daran liegen,
dass dieser Ort einfach
nicht vorhanden ist.

Die Sprache eines Menschen
ist sein unverwechselbarer
seelischer Hirnabdruck.

Seelenvolle Sprache
ist der Bewegungsapparat
des inneren Friedens.

Sprache ist ein Lebewesen,
das sich für respektvolle Pflege
mit Lebensfreude revanchiert.

Die Sprache der Liebe
heißt Empfinden;
wenn die Seele spricht,
schweigt der Mensch.

Beseeltes Wort
ist klangvolles Schweigen.

Ehe Liebe durch uns spricht,
ist unsere Sprache nur
eine Art Gedankenhüsteln.

Wenn Irrtümer
aus Trägheit entstehen,
sich nach der Wahrheit
zu strecken,
ist der Begriff Irrtum
im Grunde ein
unverdienter Titel,
mit dem sich die
Müßigkeit aufwertet.

Was sich als großer
Irrtum herausstellt,
ist meist eine aus der Kurve
geflogene Hoffnung.

Eines der großen
Hindernisse zum Glück
eines Glücklosen
ist dessen Meinung,
dass ihn vom Glücklichen
nichts unterscheide
als dessen Glück.

Argumente sind
für das Herz
so wichtig wie
ein Personalausweis
im Ehebett.

Ein Mann, der nicht die
Entfaltung urweiblicher
Qualitäten des Einhüllenden,
Schützenden, Zärtlichen und
Nachgiebigen in sich fördert,
braucht Kampf als Futter
und macht jeden Frieden
zu einer Kurzgeschichte.

Eine Frau, die nicht die
Entfaltung urmännlicher
Qualitäten des Durchdringenden,
Konstruktiven, Herrschenden
und Zielsetzenden in sich fördert,
bleibt ein neugieriges Gefäß,
das herumschwappenden
Unverbindlichkeiten Asyl gewährt.

Liebende haben ein Kraftfeld,
das es anderen erleichtert,
sich an der Liebe aufzurichten.

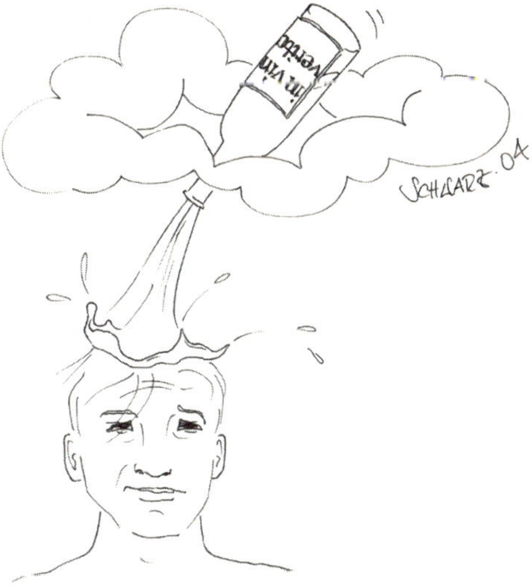

Intuition ist eine durch alle
Denkbarrieren plätschernde
kosmische Zärtlichkeit.

Sei gnädig
zu dir selber;
wenn du's nicht bist,
wer dann?

Der Massenmensch steht mit dem
Rücken an der Wand und mit dem
Gesicht zum Vor(ur)teil.
Ihn urteilslos zu lieben
ist die mittlere Reife
des Meisterweges.

Humor ist die Frucht einer sich
in Spiralkreisen bewegenden
Evolution: Sich immer wieder selbst
zu begegnen, steht selbst die
Eitelkeit ohne Humor nicht durch.

Humor ist manchmal ein
lediges Kind der Trauer.

Alles Gute verdankt sich
liebevoller Disziplin.

Stille ist der Klangfaden,
aus dem das Prachtgewand
des Universums gewoben ist.

Nichts bewegt wie Stille.

Vielleicht verschanzen sich so viele
von uns hinter Mauern aus Lärm,
weil das kleine Ego auf Stille
wie auf eine Bedrohung reagiert.

Stille ist eine so gütige Freundin,
dass sie einen auch dann noch
in ihre heilenden Arme nimmt,
wenn man tausendmal mit
dem Lärm fremd gegangen ist.

Wie Raum die Mutter
der Geometrie ist,
ist Stille die Mutter
der Musik.

Schweigen ist das
Atemholen des Wortes.
Es heilt die Gedanken
vom Schorf alter Wunden
und reinigt die Sprache
vom Kleister der Eitelkeit.

Nur wer schweigen kann
und schauen und lauschen,
kommt zum Sinn. Der andere
gleicht einem Löffel, der in der
Suppe wohnt und trotzdem
nichts von ihr schmeckt.

Wem das verbreitete
»Das ist mal was anderes«
als Auswahlkriterium
genügt, ist auf der Ebene
tragischer Genügsamkeit
bruchgelandet.

Gewissenhafte Zweifler
sind Nacht für Nacht
mit der brennenden
Kerze unterwegs,
um zu prüfen,
ob es dunkel ist.

Zweifel und Überzeugung
sind heimlich alte Freunde.
Nachts im Traum erwischt
man sie schon mal
beim Würfeln.

Die Vergötterung des Intellekts
kann zum Kollaps
des Herzens führen,
bildlich und buchstäblich.

Das obere Ende allen
Denkens ist Andacht.

Wo einem Liebe
als Antrieb fehlt,
braucht man Ehrgeiz
oder Druck.

Was einer von
seinem Wesenskern
für Geld verkauft,
bekommt er für Geld
nicht wieder.

Lebenssinn ist kein Kapital,
sondern ein Zinsfluss.

Die Zell-Intelligenz
eines einzigen
menschlichen Körpers
ist größer als die
aller Menschenhirne
zusammengenommen.

Wenn man bedenkt,
dass jedes Atom
des eigenen Körpers
Millionen Jahre alt ist
und bereits in Sternen,
Steinen, Blumen, Moskitos
und Dinosauriern gedient hat,
ahnt man etwas
von der Erfahrungsintelligenz
der Biologie.

Wenn wir intuitiv und nicht
programmiert handeln,
zeigt sich Licht am
Ende des Tunnels.

Das Herz des Weisen
lächelt zeitlos,
er selbst tut es
zur rechten Zeit.

Wenn Träume wahr werden,
waren sie dann vorher Lüge?

Träume sind Brückengeister
zwischen Zeit und Ewigkeit.
Sie bemessen das Undenkbare,
beleben das Unmögliche und
beweisen das nie Gewesene.

Moral ist der rettende Fallschirm
für alle, die beim Fliegen mit der
Schönheit abstürzen.

Was wir als Geschichte
bezeichnen, ist ein
Nickerchen der Ewigkeit.

Nur wer wirklich
allein sein kann,
kann wählen,
der andere muss.

Wo Rücksicht fehlt,
schützt am Ende
auch Vorsicht nicht
vor dem Nachsehen.

Ehe wir mit dem
Herzen musizieren,
machen wir Lärm.

Lärm suspendiert das
Hören vom Dienst.

Das individuelle Ich ist
eine Fakultät des Welten-Ichs.
Wenn es sich länger aus der
Verantwortung gegenüber
dem Ganzen heraushält,
wird es zu einer Metastase
im Gewebe des Alls.

Leben
ist atmende Ordnung.
Ordnung
ist erinnerte Liebe.

Lebendigsein ist das
konzertierte Atmen
unterschiedlicher Ordnungen.

Leben heißt auch
am Tod vorbeisterben.

Wenn wir damit aufhören,
Zeit generös für
Nichtigkeiten herzugeben,
braucht das Glück keinen
Lottogewinn mehr, um
als anwesend zu gelten.

Solange wir den Schein
höher schätzen als Licht,
suchen wir Scheinwerfer
statt Erleuchtete.

Miteinander reden
ist ein wenig wie
miteinander musizieren.

Was man seinem Lebenspartner
schenken darf, ist die Kunst,
mit sich selbst allein zu sein,
sonst degradiert man ihn
zu seinem Unterhalter.

Ein Schwätzchen ist ein
Federballspiel zwischen
harmlosen Freundlichkeiten.
Geschwätz vergiftet.

Wenn der lebendige Fluss
des Mitteilens, Zuhörens
und Berührtseins im Sumpf
moderner Sprücheschnäppchen
versickert, wird es höchste Zeit,
wieder miteinander zu reden.

Informationstechnologie
ist heute auch ein Weg,
in tiefere Wahrnehmungsfelder
vorzudringen und die
Erinnerung zu wecken, dass
ein großes Gemeinsames
auf dem Weg ist, das uns
weiterbringen wird.

Überflüssige Information
raubt die Besinnung.

Das Kommunikationszeitalter
ist wohl das Zeitalter
digitalisierter Einsamkeiten,
aber auch das der
unglaublichen Begegnungen.

Begegnungen sichern,
dass ein neuer Geist
neue Pfade findet.

Viele entdecken heute
dank der Technik lange
vernachlässigte Seiten des
eigenen Bewusstseins wieder,
das sich auf elektronischen
und telepathischen Wegen
mit Information versorgt.

Redlichkeit ist ein gutes
altes Wort, in dem der Geist
ehrenhafter Rede als
lonesome Cowboy durch die
Wüste der Erinnerung reitet.

Das bekannte Bildnis der Affen
hat sich geändert:
Sie sehen nichts,
sie hören nichts,
aber sie reden gerne.

Wenn sie nur hören würden,
was sie reden.

TeleVision:
welch wunderbare Idee
schläft in diesem Begriff.

Liebe, Wille und Weisheit
bilden die Dreifaltigkeit,
aus der die kosmische
Schönheit hervorströmt,
die das Zusammenwirken
von Lebenskräften
in Zellen und Organen
initiiert und bewahrt.

Bewahren heißt
in Wahrheit halten.

Ein sich anhaltend
mit seinen Inhalten
verbindender Verstand
ist ein Instrument
der Heilung.

Von Liebe geführte
Menschen beziehen Überblick
und Handlungsnavigation
ungleich schneller durch
erleuchtetes Verstehen
als durch mentales
Erfassen.

Es gibt ein brillantes
instinktives Bewusstsein,
das durch Analyse
zusammenbricht.

Universale Geheimnisse
begreift der Körper
spontaner als der Intellekt.

Sobald die Seele diese Erde als
liebende Persönlichkeit erkennt,
verändert sich das ganze Leben.

Verantwortungslosigkeit
zerrt Antworten ins Leben,
deren Fragen sicherheitshalber
das Weite suchen.

Manchmal ist Kritik ein Engel,
den der Himmel schickt; öfter
jedoch ist sie nur ein Strauchdieb.

»Dass einem eine Zeit lang
das Hören und Sehen vergeht«,
könnte in Zukunft die Basis
besonderer Erholungsangebote
für Feinsinnige werden.

Wenn der Zeitgeist nur noch
eine Art Synthetik-Bettlaken
ist, in dem kein achtbares
Gespenst mehr spuken mag,
ruft er nach Zuwendung.

Massensport zieht viel
Aggressivität und Gewalt
aus dem gesellschaftlichen
Umlauf und führt deren Energien
nützlichen Vitalitäten zu.

Die großen Fragen stellt man in
ein mentales Niemandsland hinein,
die großen Antworten kommen,
wenn man es schafft, sie nicht
zu erwarten.

Vielleicht sind Fernsehgeräte
so schlaue Maschinen,
weil sie sich heimlich von
menschlichem Verstand ernähren.

Die Zeit kann genesen,
wenn wir ihre beiden
großen Kranken heilen:
Sprache und Arbeit.

Wissen, das nicht mit
dem Empfinden tanzt,
verhindert den Blick für
die Wunder der Schöpfung.

Eine Tonne Hektik
ersetzt kein Gramm
Dynamik.

Eine Sprache, die nur für
Verkaufsgespräche taugt,
verkauft ihre Menschen.

Das Denken bewegt durch
Argument und Begründung,
das Herz durch Berührung
und Vorbild.

Früchte werden nicht süßer,
wenn man Zucker
unter die Bäume streut.

Wer's mit dem Herzen schafft,
braucht keinen Anstand.

Fingerspitzengefühl
ist ein Champagnerglas
voll Erfahrung mit einem
Spritzer Herzcourage.

Wo Denken und Fühlen
nicht unterscheidbar sind,
blüht die Hoheit der Seele.

Die größte Zärtlichkeit
für die Haut des Planeten
ist das Staunen eines Menschen.

Ein guter Arzt vergisst nicht,
dass an der Eiterpustel
noch wer dranhängt.

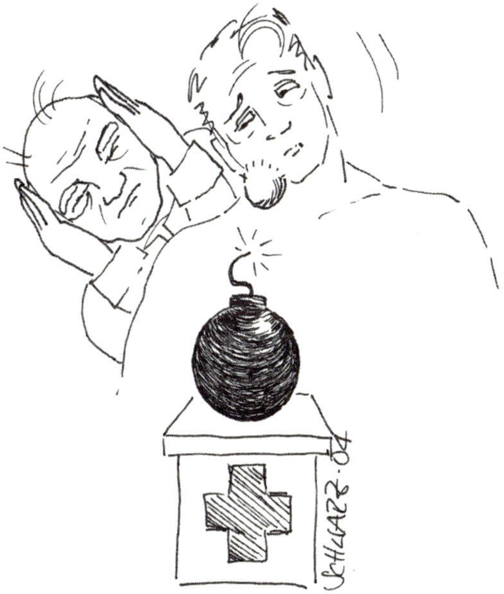

In guten und in
schlechten Zeiten
sind Seufzer die
Pflegeengel der Seele.

Um einen Ausweg zu finden,
muss man auf dem Weg sein.

Heilig ist die Zeit,
die wir einander gewähren,
um einer in des anderen
Wahrheit zu fühlen
und dadurch immer tiefer
im eigenen Selbst zu atmen.

Wenn im Zug der Zeit
das Glück seine Lieder
immer wieder nur
im Abteil nebenan
zu singen scheint,
sollte man aufstehen,
hinüber gehen
und mitsingen.

Musik wird
ein wesentliches
Informationsmedium
der Zukunft sein, mit dem
die entscheidenden
Botschaften von
Seele zu Seele fließen.

Auch Zeit
braucht Zeit,
um recht zu sein.

Wie man in den Wald
hinein schweigt,
so horcht es heraus.

Zwischenspiel

Lass nicht zu,
dass dich
schlechte Gedanken
einfangen,
weise zurück,
was dich vergiftet,
und meide
alles Zynische.
Baue an deinem
inneren Tempel
als Quellort
der Harmonie
und bewohne ihn.
Die Zeit reift rasant.
Große Hilfen
stehen bereit.
Viele fühlen,
dass ein Bruch
auf dem Weg ist.
Jeder von uns
bestimmt für sich,
ob der Bruch
zum Abbruch wird
oder zum Aufbruch
ins Licht.

Satire

Gedanken als Juckpulver

Von einem Hirn, das auszog

Ein Hirn hatte es unverhohlen
satt und schlich auf leisen Sohlen
rücksichtslos am Tagungsort
aus eines Redners Birne fort.
Es entfloh des Denkers Haupte
just, als der zu denken glaubte.
Wie ein Ohrenzeuge schwört,
hat dies die Rede nicht gestört.
Nun wallte es und schwebte hie
so bürdenfrei und leicht wie nie
als leibbefreiter Freudentanz
ambulanter Denksubstanz.
Der Herr, der nun des Hirnes bar,
nahm die Entfleuchung gar nicht wahr,
und rackerte jetzt viel geschickter
und entschieden unbedrückter.
Da vom Denken unversehrt,
ward er sehr bald hoch geehrt,
erhaben über Selbstkritik,
ein großer Mann der Politik.

Der überlebenstüchtige Zwicker

Den Professor Gurkenpflücker
zierte kess sein Brillenzwicker,
den er froh und wirsch durchschaute,
als er jene Brühe braute,
die sich ihrerseits nicht zierte
und ganz herzhaft explodierte.
Das beraubte recht behände
das Gebäude seiner Wände,
den Professor des Vermögens
nebst des heißgeliebten Lebens.
So ging ein großer Geist nach drüben,
doch sein Zwicker blieb herüben.

Platonisches Missverständnis

Vor der Ehe, steht geschrieben,
soll man nur platonisch lieben;
weil man Plato unterschiebt,
er habe dergestalt geliebt.

Nun gibt es trotz des hehren Walles
durchaus oft den Fall des Falles,
und dann ist – ganz unironisch –
Nachwuchs eben rein platonisch.

Waidmannsheil

Einem ambitionierten Jäger
stahl man seine Hosenträger.
Dies bemerkte er sofort,
weil die Hose an dem Ort,
wo sie sonst zu sitzen pflegte,
nicht sich um den Jäger legte,
sondern gleich beim ersten Schritt
ungebremst zur Erde glitt.
Wie verhext war nichts zu finden,
um die Hose anzubinden.
So umschlotterte ihn lose
nur die lange Unterhose.
Schien die Lage auch fatal,
barg sie trotzdem Kapital:
Beim Anblick, den der Jäger bot,
lachten sich die Hirsche tot.

Das Problem

Ein Philosoph in besten Jahren,
geistig etwas fest gefahren,
zog nach reifer Überlegung
einen Selbstmord in Erwägung
und begann sich bei den Raben
höchst vital ein Grab zu graben,
legte sich hinein im Nu
und schaufelte von innen zu.

So weit war alles gut geraten,
doch wohin jetzt mit dem Spaten?
Sind doch dummerweise Gräber
innen störend eng, und gröber
ausgedrückt in einem Satz:
Für den Spaten war kein Platz.
Und trotz Fluchen, Weinen, Lachen
konnte er nichts andres machen,
als vor sehr verblüfften Raben
still sich wieder auszugraben.

Falscher Alarm

Eine Dame sprach einmal
zum entzückenden Gemahl:
Du bist ein ziemlich krummer Hund,
und wetzt mir meine Laune wund.
Der Gatte schwieg, mit Recht entsetzt,
das Nervenkleid stark angefetzt
und sucht in seinen Sündenakten
rasch nach ein paar starken Fakten.
Wird tatsächlich furchtbar fündig,
lächelt taktisch hintergründig
und versucht herauszukriegen
inwiefern mit zwei, drei Lügen
er den Fluch könnt' von sich wenden,
ohne sich zu stark zu schänden.
Deshalb lechzt er zu erfahren,
welches ihre Trümpfe waren.
Was sie sprach, war sein Ruin,
ein Herzinfarkt erlegte ihn.
Sie griff sich fassungslos ans Herz:
Schatz, das war doch nur ein Scherz!

Die Rettung

Ein lebensmüder Gockel
legt vor Gram ein Ei,
erstarrt vor Schreck und rätselt,
was das nun wieder sei.

Er prüft in wilder Sorge
hektisch Kamm und Schweif
und denkt, hier widerfährt mir was,
was ich nicht begreif'.

Immerhin hat ihn die Sache
ziemlich abgelenkt,
und er hat sich in der Tat
vor Schreck nicht aufgehängt.

Konzertepisode

Maestro dirigierte heftig
an der Symphonie herum
und fuchtelte dabei geschäftig
den Streichern vorm Gesicht herum.
Plötzlich biss ihn ein Cellist,
obwohl das streng verboten ist,
in die edle Fuchtelhand,
warf sein Cello an die Wand,
rief: »Humba humba täterääh,
i mag jetzt nimmermehr, i geh.«

Vogeliges

Zum Vogel sprach die Vogelin:
Da ich dein Eheweib nun bin,
fühle ich, ich muss dir sagen,
du solltest eine Hose tragen.
Das wird deiner Geltung nützen
und dich vor Erkältung schützen.

Drum tat er auf sein Fahrgestell
eine Hose aus Flanell,
betrachtete im Spiegel lang sich,
schüttelte den Kopf und schwang sich
behost vom Schwanze bis zur Hüfte
probeweise in die Lüfte.

Da die Hose ihn behindert',
ward die Flugkunst stark vermindert,
und er stürzt nach kurzer Frist
in einen Fladen Ochsenmist
und hat, ich sage es am Rande,
zum Gestank auch noch die Schande.

Ein Lichtblitz fräst in seinen Schädel
irgendwas von »Vogel-Blödel!«
Einsicht kommt wohl etwas spät,
wenn der Dreck am Halse steht:
Nicht alles dient dem Wohl des Leibes,
was entspringt dem Hirn des Weibes.

Umsonst gewartet

Eine Horde von Bazillen
harrte jahrelang im Stillen
hinten auf dem Postwertzeichen,
um ins Eingeweid' zu kreuchen
bei demjenigen, der leckt,
was desselben Tod bezweckt.

Doch es wurde nicht geleckt.
Das Postwertzeichen ist korrekt
mit dem Schwamm befeuchtet worden.
Diesem sind Bazillenhorden
ungedacht der Art und Zahl
leider ganz und gar egal.

Und so saßen sie ganz dumm
nass und kalt am Schwamm herum
und begafften etwas blöde
konsterniert die Löcheröde,
denn es wird, solang sie leben,
niemand daran lecken mögen.

Herbert war ein Warzenschwein,
wollte nicht alleine sein,
suchte eine Braut,
das hat ihn versaut,
zumal er seiner Schönheit wegen
seinen ganzen Warzensegen
beim Chirurgen ließ
und sich überdies
die Augenbrauen färbte,
was ihn hoffnungslos verderbte.

Er war zwar jetzt als Edelschwein
nach wie vor nicht gern allein,
jedoch die Braut blieb, auf mein Wort,
jetzt erst recht von Herbert fort;
nicht mal zwischendurch und leise
nahm ihn eine probeweise.
Ein Schwein ist echt, so wie es ist
und nicht chirurgenkunstversüßt.
Das Weib liebt Warzenschweine bloß
ganz lieb, jedoch nicht warzenlos.

Franz Quintenlümmel

Der Musikus Franz Quintenlümmel,
unbeleckt vom Ordnungsfimmel,
stolpert über seine Geige,
fällt auf seine Sprechwerkzeuge,
ist nicht seine Zähne bloß,
sondern auch die Geige los;
und statt Mozart und Beethoven
gibt's ein Feuerchen im Ofen.

Exodus

Sicher hatte auch ein Blödel
irgendwann ein Hirn im Schädel.
Doch es ward so derb geknechtet,
bis es mager und geächtet
aus des Blödels Rübe floh,
um daraufhin irgendwo
in einem Leib mit bessren Sitten
geistig um Asyl zu bitten.

Zärtlichkeiten

Gedanken, die in Farbe fühlen

Poesie ist die zarteste Feder
aus dem Flaum des Phoenix,
das Genie der Schönheit und der
Lichthauch in allen Taten,
Dingen und Worten,
die über ihren eigenen
Zweck hinausweisen.
Sie ist das fühlende Schweigen
zwischen den Zellen
alles Lebendigen.
Poesie feiert Zwischenräume
und entzündet in den
Katakomben des Blutes
ein tröstendes Licht.
Sie ist das Leben in der
Prallheit eines Früchtekorbes
und die Geschichte in den
Falten eines alten Angesichts.
Gleich der Taube Noahs,
die den Ölzweig bringt, ist
Poesie immer ein neuer Anfang,
der die Lebenden ins Leben ruft
und den Toten Nachricht ist
von der unfehlbaren Heimkehr in
die guten Arme der Zeitlosigkeit.

Du bist der edelste Burgunder
aus der Kellermeisterei der Ewigkeit,
dulde nicht, dass deine Blume
in ungepflegten Kelchen
herabgewürdigt wird.
Du bist Schutz und Mantel
für alles, was nach der Obhut
deines Menschseins ruft,
erlaube nicht, dass dein Fühlen
durch Lärm und Bedrängnis
abberufen wird in die stumpfen
Dienste der Lieblosigkeit.
Du bist Ganzheit in Aktion,
gestatte nicht, dass sie Teile von dir
als Anekdoten der Oberflächlichkeit
vor ihre Jahrmarktbuden stellen,
um mit dem Gold deines Wesens
das Silber rastloser Schwärmer
in ihre Taschen zu locken.
Du bist ein Licht in dieser Welt.
Stelle dich als Botschaft
in die Nachtfenster der Zeit,
damit jeder um die Wärme
im Pulsschlag deines Lebens weiß
und jeder, der da draußen friert,
einen guten Weg nach Hause findet.

Allein

Im fahlen Licht
des Weges
tastend
nach dem Boden,
der ins Morgen trägt,
bin ich –
sind wir –
noch allein.
Selbst das Lichte
scheint wie dunkel
und lädt ein
zum Schlafen.
Doch dann
dringt Liebe
in den Schorf
saurer
Gewesenheiten,
erweckt,
erlöst,
knipst Freude an
und hüllt
das wähnende Sein
in ein nährendes,
atmendes
Du.

Jeder Tropfen

Wie kostbarer Wein
in neugierige Gläser
fließt dein Wesen durch
die Formenhand der Zeit
in die Ährenfelder
jeder neuen Stunde.
Und jeder Tropfen
findet eine Wurzel,
die auf ihn gewartet hat.
Und jede Blüte,
die du staunend siehst,
grüßt dich,
denn sie hat etwas von dir.

Wachwechsel

So viele
kostbare Zeiten
verschlief ich
an deinem Herzen.
Jetzt will ich endlich
darin wachen.

Zärtlichkeit

Die Zärtlichkeit
wandelte im Samt
der Brandung.
Als ich
ihren Spuren
folgen wollte,
hatte das Meer
sie bereits flink
und genüsslich
aufgenascht.
Da musste ich
meinen Blick erheben,
um sie zu finden.

Die richtigen Worte

Außer den richtigen Worten
fehlst auch du mir;
ein romantischer Mangel,
den die Zeit verzehren muss,
wenn sie von uns nichts
anderes bekommt.

Antiquarische Gefühle

Einen Tag voll
antiquarischer Gefühle
beschied mir ein Besuch
in jenem Dorf, das uns als Kinder
eine Zeit unter dem Herzen trug,
eh' es eines denkenswerten Tages
uns ziehen ließ
und so der Welt gebar.

Da waren all die Häuser
so butterblumenfroh.
Sie schienen so viel enger
– oder war ich weiter? –
und drängten sich wie eh' und je
um ihre Kinderschar.

Bohnen und Tomaten
und kleine grüne Zäune
hüteten die Butterblumenhäuser,
und Minze wuchs auf einem
Acker hinter jenem Haus,
das unserer Mutter einst
die junge Sehnsucht barg.

Ein altes Weiblein kannte mich
und sprach von frühern Nachbarn
und lachte, lachte zahnlos alle Kriege fort,

die sie und uns gezeichnet haben
und freute sich, dass wir gekommen
waren. Da weinte was in mir
hilflos vor Freude.

Und als mir dann der Duft der
Auen sanft das innere Auge strich,
als ich mit meinem Bruder
schweigend durch das Dickicht
stakte, das früher auf dem Fahrrad
noch klingelfroh durcheilbar war,
da traf mich das Gefühl der
grenzenlosen Liebe, die um
verfallene Witwenhöfe streicht,
und all die Brennnesselheiterkeit
der lieben alten Weiblein,
die immer da sind und
Geburten und Begräbnisse mit
ihren weinroten Gebeten wärmen.
Wunder des Altseins sind sie,
Wunder, die nie sterben
und immer heißen Kaffee haben.

Wenn man Räume der Vergangenheit
etwas zu forsch betritt, drückt man
die Liebe, die in Erinnerungen
oft hinter der Türe steht,
leicht mit dieser an die Wand.

→

→ Doch setzt man sich dann hin,
bereitwillig zu schauen, kommt
sie, ewig unverletzbar,
hinter der Tür hervor und
spricht zu uns in ihrer Sprache
in den Bildern unserer Kindheit
zwischen den Zeilen
der Vergangenheit.

Denn das Wahre steht immer
zwischen den Zeilen der Geschichte.
Der laute Weg der Tränen
steht in Büchern,
der leise Weg der Freude
steht in uns;
in der Wärme deines Atems,
in allem Weiblichen der Welt,
das auch zahnlos und verlassen
noch ewiges Brevier der
körperlosen Schönheit ist.

Ein Tag voll antiquarischer Gefühle,
die wie Leuchtkäfer
Licht und Leben in vergangenes
Dunkel bringen,
so ein Tag macht dankbar,
demütig und still.

Mit dir ein Haus zu teilen

Für das Schöne,
mit dir ein Haus zu teilen,
das wie ein Schirm
unsere Gedanken hütet
und uns wie eine Mutter
täglich neu
der Außenwelt gebiert
und Nacht für Nacht
an den Gestaden unserer
Träume Wache hält,
für dieses Schöne
und deine
nachbarliche Sorge
danke ich dir.

Über Abgründe

Mein Herz ist ein
Geschöpf des Sturmes;
fliegt über Abgründe
und tosende Wasser,
auch wenn auf der
anderen Seite
niemand wartet.

Eine Stunde auf der Fichtenbank
(nahe meiner Wohnung in Esslingen, 1977)

Eine Stunde saß ich
auf meiner Fichtenbank.
Eine Dame trieb an der Leine
eines Hundes an mir vorüber.
Plötzlich beschloss der Hund,
mich zu mögen und
zerrte wedelnd zu mir.
Da tauschten sich die Rollen,
und er wurde fortgezogen.
Meine Streichelfreude
blieb unbenutzt als
Wolke um mich stehen.
Ein greises Paar balancierte
die Erde auf den Spitzen
seiner Spazierstöcke. Es
riecht nach frischer Erde, sagte sie.
Wann ist Erde frisch? dachte ich.
Da atmete mir der Regenduft
frischen Moder ins Herz.
Eine Pfütze am Wegesrand
wurde in kurzen Abständen
von vier Jungen fahrradweise
aus ihrer Ruhe geschreckt.
Können wir leicht zu umfahrende
Pfützen auch umfahren, fragte ich
mich, oder gibt es ein Gesetz

des Spur-Prägen-Müssens, das
uns zwingt, bei gewissen Pfützen
mittendurch zu fahren und ihre
friedlichen Gesichter in irgendeine
Art von Falten zu legen?
Ein Minihund kam dahergepurzelt,
diesmal an freundlicher Leine,
und sog mit seinem Charme meine
Streichelfreude in sein Fell.
Eine Katze ließ sie unbenutzt,
als sie später an mir vorbei
mäusewirsch zur Arbeit trabte.
Ein Maisfeld duftete gelassen
mit einer Hand in den Abend
und strich mir zusammen mit
der Wiese und den Fichten
über die hungrige Haut.
Der nächste Hund,
der erste definierbare,
ein Dalmatiner,
nahm keinerlei Notiz von mir.
Kaum haben wir Rasse,
haben wir Stolz.
Ich dankte jedem für seine Gaben
und ging heim, um mir
mit meinen Erinnerungen
das Abendbrot zu teilen.

Im Dachstübchen
meiner Seele
wohnt seit meiner
Kindheit schon
ein wunderbares Lied,
das deinen Namen trägt.
Manchmal klingt es
blau in mir wie durch die
Fenster eines Doms,
manchmal in den heilenden
Farben der Dämmerung,
und manchmal hell
wie die Mittagssonne
an einem vor Glück
schnurrenden Sommertag.
Und jeder seiner Töne
hat etwas von dir
und deiner Liebe,
die mein Leben
in das Gold
deines Wesens kleidet.

Du bliebst (1976)

Ein rätselhafter Missgriff
ließ einst meinen gastlichen Kaffee
so ungewöhnlich arg die Regeln des
Kaffeegeschmacks verhöhnen,
dass mir bis heute unfassbar blieb,
warum du ihn damals gnadenlos
bis auf den rettenden Grund
meines jugendlichen Bechers
im Schweiße meines Angesichts
getrunken hast, und warum
du mir dein zittriges Wohlwollen,
kaum eine Stunde
nach dem ersten Gruß,
auf so passiv kriegerische Art
strapaziertest – und bliebst.
Du bliebst, vermutlich zum Erstaunen
meines interessierten Zimmers,
das an herbe Abgänge im Lauf
der Zeit gewöhnt worden ist.
Martha mochte meine Wahrheitsliebe
nicht, Christina langweilte sich
ob meiner Sehnsucht nach dem Licht.
Barbara floh vor meinen Finsternissen,
die nicht zu verbergen waren.
Doch du bliebst.

→

→ Du bliebst und hieltest die
selbst noch suchende Hand
deines Septemberwesens
an jene Stellen des meinigen,
an die der Wind in dieser Zeit oft
kalt und drückend blies, und du
wärmtest mir so viele kalte Nächte.
In dieser Zeit hab ich mich oft
rufend vor mir selber her geboren,
und meine Gegenwart
war selten nur vergnüglich.
Doch ich sah deine Schönheit,
von der du nichts wusstest,
obwohl ich dir in vielen
kerzenwarmen Schweigefesten
ein Spiegel vor dem Angesicht
deines wunderbaren Wesens war.
Du bliebst.
Und weil du in einer klaren Nacht
als verschlossene Blüte
fortgegangen bist,
kann der Regen
dein Geheimnis nicht wissen.
Und weil du fortgegangen bist,
bist du in Wahrheit
geblieben.

Entfallen

Wie ein Gedanke
bist du mir entfallen.
Ich fühl dich noch,
doch ich kann dich
nicht mehr fassen;
wie Vergessenes,
das sich sträubt, noch
einmal gedacht zu werden.
Doch auch Vergessenes
ist Imprägnierung,
die veredelt.
Und Dank erst
macht das Edle
rückhaltlos genießbar.

Zwischen den Atomen

Zäh und schwer
durchtrampelt dieses Dasein
den schmalen Acker der Zeit,
solang wir täglich uns verdingen.
Dinge binden uns und roden
Orientierungsgräben in die
Regenwälder der Freude.
Doch wenn es uns gelingt,
den Ton der Dinge, der in und
zwischen den Atomen klingt,
als Liebe in uns zu entdecken,
schwebt das Leben plötzlich leicht
und ganz mit Gott befreundet,
und manchmal jubelt es übermütig
vor bedingungsloser Heiterkeit.

Zurück?

Meine Seele fror,
als ich sah,
dass du nach einem
langen schönen Aufstieg
an einer Gabelung
den Weg zurück
ins Tal dir wähltest,
und es schien,
als sei das recht Erworbene
dir auf einmal viel zu viel.
Doch eine innere Stimme
wärmte mich und half mir
zu verstehen.
Jetzt weiß ich,
dass wir zurück
in unsere alten Höhlen gehen,
wenn wir etwas vergessen haben,
das sonst ja nur verlassen wäre.
Und sei es nur
der große Schal
erfahrungswarmer Güte,
der jeden Gipfelgeher
vor innerer Kälte
schützen muss.

→

→ Geht der Weg auch
noch so steil nach unten,
in Wahrheit gibt es kein
Zurück in dieser Welt.
Auch die Erde kehrt nicht um
auf ihrem Weg zu den Sternen.
Wir gehen manchmal
einen weiteren Bogen,
um uns besser auszurüsten.
Und wenn wir uns
auch noch so sehr
zu trennen scheinen,
am Ende der Wege
warten wir doch
alle auf einander.

Der Frühling
bewirft das Land
mit Narzissenlachen
und Begeisterung
und wild geschenktem Grün
und fordert die Liebe heraus
mit ihren Tausenden
von Fruchtbarkeiten
als Ouvertüre für einen
körpervollen Sommer.

Der Sommer balgt
im Sonnenspiel mit den
in seinem reichen Licht
blinzelnden Sinnen,
rauscht im Regen und in
lauen Brandungsnächten.
Atemfeucht und füllig,
tanzt er das Leben,
wo immer er es
umarmen kann.
Stunde um Stunde
stirbt er vor Lust,
und wer dabei sein will,
muss aus sich heraus.

→

→ Der Herbst lockt bald
darauf das ganze Land
in seine Bernsteinblüte,
spendiert Körbe, die unter
prallen Früchten stöhnen.
Und Parks und Wälder
wölben sich wie Dome
über den Raschelsymphonien
Milliarden gemeinsam
entsommerter Blätter.

Im Winter
ist der Sommer körperlos
im Innern.
Wenn auch du da bist,
ist er mit dir.

Das Jahr ist öfter mal
zu Ende,
als dass nur ein Silvester
uns genüge.
Was du nicht gesagt hast,
füllt mir Bände,
Schweigen ist der
Wahrheit Wiege.

Die Freude, die du fandest,
schenk dem Morgen,
der trägt sie weiter
vom Ich ins Wir,
was du erlitten haben magst
an Sorgen,
im Innern ging ich
jeden Weg mit dir.

Was immer aber du
an gutem Willen
hinausgeleuchtet hast
in diese Welt,
das pflegt die Zeit,
ich danke dir im Stillen,
du hast dadurch auch
meinen Weg erhellt.

Weihnacht 2000

Die Zeit ist faszinierend
hypertonisch,
selbst ihre Himmel schmecken
schrill und schal,
die Tabernakel sind jetzt
elektronisch,
der Mensch verhungert
multimedial.
Doch immer wieder bricht
die Weihnacht aus
und fegt durch das Gemüt
des Videoten,
zündet hundert Kerzen an
im Haus,
riecht nach Zimt und singt
nach alten Noten.
Dann ist's auf einmal
nirgends mehr zu spät,
im Innern keimen
sonderbare Samen.
Selbst Finsternis
kreiert jetzt Qualität
und gibt der Zukunft
wunderbare Namen.

Sind nicht heilig die Tage

Durch ein Leck in der Ewigkeit
tropfen kostbare Jahre,
eines nach dem anderen,
in die Vergangenheit.
Sind nicht heilig die Tage,
an denen wir Feste feiern,
die älter sind als wir
und treuer als alle
amtierende Wahrheit?
Dann greift stets
eine flammende Gnade
aus einer hohen Welt herein
und fegt die Stunden leer
für Dank an manches stille Du
und Dank ans eigene Ich
und an das, was es beseelt.
Und lichte Unbegreiflichkeiten
klopfen an verborgene Türen
in den Gewölben des Ich.
Wer sich öffnen kann,
dem stäuben sie
Ewigkeit ins Herz.

Bethlehem ist überall

Aus scheuen Fenstern schaut die Stube
in den Frost der Winterwelt,
doch nur Toren glauben jetzt,
dass uns die Zeit was vorenthält.

Draußen wogt ein Schleiertanz
und Wettbewerb um Nichts,
doch Finsternis ist nur der Wächter
vor dem Tempelschrein des Lichts.

Bethlehem ist überall,
wo ein Herz das Denken bindet,
eine ausgestreckte Hand,
die dich auch im Dunkeln findet.

Brücken

Manchmal stehen Brücken
einsam in der Landschaft
als Kuriosität der Straßenplanung.
Strotzend vor sinnloser Kraft
zölibatärer Potenz,
Straßen zu verbinden,
die noch gar nicht sind.
Seltsam lockender Schalk,
adressiert an alle Uferwesen,
die zwar ein Gegenüber haben,
aber keine Brücken, die verbinden.

An die Zeit

Du bist wie mein Leib ohne Raum
ein Nichts, wir beide sind ohne ihn
nicht denkbar, brauchen Raum
als zweiten Pol der Ganzheit.
Manchmal klemme ich dir
Mund und Nase zu,
und dann hältst du – wie eine
gute Katze Kinderschalk erträgt –
gnädig deinen Atem an,
der stets länger ist
als meine Ausdauer.
Bis mir der Augenblick
kristallnen Glücks
unhaltbar durch die
Erdenfinger rinnt,
ins Fließen lockend
und in den Mund des Morgen.
Doch Gestern, Morgen, Nie
und Oft sind nur Masken
unserer Possenspiele.
Wir üben bloß Erfüllung.
Doch bald schon wird
die wilde Eulenspiegelei
nur noch ein liebevoller Seufzer
der Vergangenheit sein.

Was du trägst,
trägt keiner außer dir.
Lasten sind
Verwandte einer Sippe.
Doch immer sind
sie einzigartig
wie die Träger.
So prägen wir
mit unseren Bündeln
von wechselndem Gewicht
unverwechselbare
Spuren in die Zeit,
vergänglich in ihrem Sein,
unvergänglich in ihrem Sinn.
So reift der Aufbruch.
Längst stehen wir am Scheideweg:
ein weiteres ›Immer‹ der
Spurenprägerei zu wählen
oder zu Lichtspuren zu werden
in den Weiten dieses
liebenden Universums –
zum glückseligen
Tropfen »Ich bin«
im Lichtmeer des
»ICH BIN«.

Der Engel sprach

Wenn du einsam bist,
trostlos und verzweifelt,
dann denk an mich,
auch wenn du mich nicht kennst.
Das Sonnentuch meiner Liebe
ist allemal größer
als das Nachtwerk deiner
streunenden Gefühle
und freundlicher als
der Scherbenhaufen
deiner leergeschossenen
Sehnsuchtsflinte.
Wenn du mit deinem
inneren Tastsinn
nach mir lauschst
wie nach dem Stahltanz
nächteferner Züge,
die selten anderes tun,
als Menschen zu verbinden,
auch wenn sie sie einander
scheinbar oft entfernen,
wenn du so horchst
nach meinem Lied in dir,
dann wirst du
meine Hüllkraft spüren
wie warmen Wind
in kalten Nächten.

Ich bin bei dir,
auch wenn du
noch schlafen willst
in deiner alten Trauer.
Ich atme dich,
bis neuer Mut,
in neuem Geist gebadet,
dein Herz zu einem
neuen Lächeln kräuselt
und du aus der Asche
überlebter Träume
auferstehst und
zu dir selbst erwachst.
Dann brauchst du
mich nicht mehr
als den »Anderen«.
Dann wohnst du mit mir
im selben Haus
deines »Ich Bin«
und Einheit hat
die Einsamkeit erfüllt.

Schauen

Das Schauen keimt
in den Gärten der Phantasie
als ein Samenkorn der Finsternis,
die nach den Sternen griff,
als Kind der Wahrheitsliebe,
die der Schattenwelt entsprang.
Schauen ist der
Kammerdiener der Seele,
das wache Fragen
mit dem inneren Blick
ohne den Griff
nach einer Antwort.
Schauen ist der
absichtslose Blick
des Engels aus dir heraus
zu den Sternen in dir.

Sachte schließt der Tag

Wie ein Fischer
seine Netze in die Flut,
wirft der Weltenmacher
seine Schönheit
in das Schweigen.
Modelliert aus Zeit und Licht,
fängt sich darin die
Andacht eines Abends.
Im späten Licht
entsteht ein Bilderbuch
aus Wundern.
Sachte schließt
der Tag die Pforten,
öffnet sie nach innen
und führt das Schauen
in die Gastlichkeit der Seele.

Morgenröte

Meine Finsternis
gebar in mir
die Sehnsucht
als den Keim
des Schauens.
Am Anfang war das Wort.
Sein Antlitz habe ich
so oft mit meinem
dürren Blick betastet,
aber nicht begriffen.
Als jedoch die Morgenröte
einmal mit mir das Lager teilte,
schnitt mir das Gefühl
in herzlicher Hinterlist
eine blutende Wunde
in die Rinde meines Ich.
Seitdem kann ich
vor Freude weinen.

Ein Mensch, der liebt

Ein leuchtender Pfeil
ins Herz der Zeit,
eine Botschaft
aus Leben und Licht,
ein Rastplatz
in der Dunkelheit,
eine Kraft,
die Mauern bricht,
ein Wissen, das Spreu
vom Weizen trennt,
eine Weisheit,
die vergibt,
Feuer, das unter
Wasser brennt,
das ist ein Mensch,
der liebt.

Peter Horton,

geboren am 19. September 1941, Chansonnier, Gitarrist, Komponist und Schriftsteller, stand weltweit bisher in etwa fünftausend Konzerten auf der Bühne. Mit seinen Musik-Sendereihen »Café in Takt« und »Hortons Kleine Nachtmusik« schrieb er ein Stück deutscher Fernsehgeschichte. Sein Engagement für Qualität in der Unterhaltung und die Förderung von Nachwuchs machte ihn für ein Millionenpublikum zum Sympathieträger. Er musizierte mit Weltstars wie David Bowie oder Placido Domingo und war Dozent an der Musikhochschule Hamburg. Spiritualität und philosophisches Denken prägen sein Leben und besonders seine sprachliche Arbeit. Sein ganzheitliches künstlerisches Konzept bezeichnet er als »Philotainment«. Peter Horton schrieb bis heute an die 600 Musikwerke und Lieder und publizierte über sechzig Tonträger und neun Bücher, das letzte vor dem vorliegenden war das Kurzgeschichtenbuch »Pflaumen im Apfelhimmel«.